Sybille Rogaczewski-Nogai

Wohndeko aus Kleidung

Aus gebrauchten Sachen selbst genäht

OZ creativ

Inhalt

Liebe Leser,

es ist erstaunlich, wie einfach man aus einem alten, unmodern oder zu klein gewordenen Kleidungsstück etwas Besonderes fertigen kann. Zusammen mit einigen Zutaten wie Kleiderbügeln, Brettern oder Holzrahmen und mithilfe einiger gängiger Techniken lassen sich ganz besondere Dinge zaubern. So wird aus einem Kleid eine romantische Webschale, die Sonnenbrillensammlung findet ihr neues Zuhause in zwei ausgedienten Shirts und Vielleser entlasten ihre Arme mithilfe von zusammengenähten Mützen. Es ist sehr spannend, den Werdegang eines T-Shirts zum Blumenübertopf nachzuvollziehen oder die Wandlung vom Minirock zum trendigen Papierkorb zu beschreiben. Also, schnell den Altkleidersack nach schönen Stücken durchforsten und diesen mit ein wenig Fantasie neues Leben einhauchen!

Viel Spaß!

Sybille Rogaczewski-Nogai

Tischläufer

Material

- Leinenrock oder weite Leinenhose
- 8 bis 11 Häkeldeckchen in unterschiedlichen Größen, Ø ca. 7 bis 18 cm
- Echtfarbe für die Waschmaschine in Beere, Rot und Orange
- Sprühkleber
- Pluster-Pens in Metallic-Gold und Glitter-Gold

Schneide aus dem Kleidungsstück mehrere Rechtecke, die zusammengesetzt eine etwa 20 x 120 cm große Fläche ergeben. Dann nähst du die Rechtecke zusammen. Wenn du willst, kannst du die Schnittkanten mit Zickzackstichen versäubern. Bügel' die äußeren Kanten 2-mal 0,5 cm breit nach links um und steppe den Saum fest. Jetzt färbst du Läufer und Häkeldeckchen in der Waschmaschine. Anschließend bügelst du alle Teile und ordnest die Häkeldeckchen auf dem Stoff an. Wenn dir die Anordnung gefällt, nimmst du die Deckchen nacheinander wieder ab, besprühst sie mit dem Kleber (dabei auf eine Plastiktüte legen) und drückst sie an der vorgesehenen Stelle auf den Stoff. Stepp' die Deckchen rundum an der Außenkante sowie mit ein bis zwei Kreisen im Innern des Deckchens fest.

Zum Schluss malst du mit den Pluster-Pens Punkte und Spiralen auf. Auf dem Stift bzw. der Packung steht, wie du die Linien aufplustern kannst.

Stoffblumen

Material

- gemusterte Bluse
- Filzreste
- dickes, aufbügelbares Volumenvlies
- je Blume einen Knopf, Ø 1–1,5 cm
- Mini-Holzklammern, ca. 4,5 cm lang
- Alleskleber
- lange Nähnadel

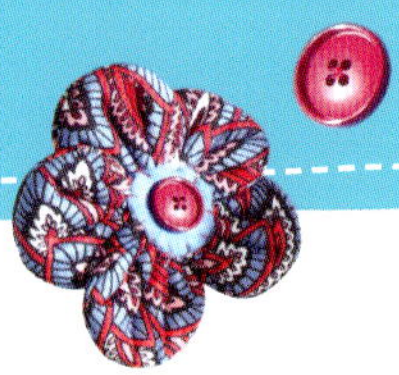

Für eine Blume schneidest du jeweils 5 Kreise mit einem Durchmesser von 10 cm aus einem Muster aus. Auf die linken Seiten der Kreise bügelst du Volumenvlies. Jetzt werden die Kreise halbiert und die Hälften an der runden Kante rechts auf rechts aufeinandergenäht. Die Nahtzugaben schneidest du in kurzen Abständen bis dicht an die Naht ein und wendest die Halbkreise. An der geraden Kante nähst du jeweils mit doppeltem Faden und Heftstichen (ca. 0,5 cm groß) entlang. Dann kannst du die Heftnaht zusammenziehen und aus dem Halbkreis ein Blütenblatt formen. Verknote die Enden der Heftfäden. Jeweils 5 Blütenblätter legst du zu einem Kreis und nähst sie in der Mitte zusammen. Aus dem Filz schneidest du etwa 2 bis 3 cm große Kreise aus und klebst sie in die Blütenmitten (auf den Vorder- und Rückseiten). Jetzt wird noch ein Knopf auf die Vorderseite der Blume genäht und eine Wäscheklammer auf die Rückseite geklebt.

Schmuckwand

Material

- (Sperr-)Holzbrett, 27 x 70 cm
- Kleid aus Baumwollstoff mit weitem Rock
- 3 m Schrägband mit Häkelkante, ca. 1 cm breit
- sehr dickes Volumenvlies, ca. 2 cm dick, 50 x 90 cm
- Deko-Tacker
- 4 Knöpfe oder Perlen, Ø 1,5 cm
- 1 Aufhänger, passende Nägel und Hammer

Das Brett legst du auf das Volumenvlies. An den Ecken schneidest du das Vlies diagonal bis ans Brett ab. Dann legst du das Vlies an den Rändern um das Holzbrett und tackerst es fest. Aus dem Stoff schneidest du ebenfalls ein 50 x 90 cm großes Stück aus und legst es mit der linken Seite nach oben hin. Hier schneidest Du die Ecken aber nicht ab, sondern schlägst sie nur nach links um. Dann legst du das Brett mit dem Vlies mittig auf den Stoff, ziehst die Stoffkanten um das Brett – dabei wird der Stoff gespannt - und tackerst auch den Stoff am Brett fest.

Schneide das Band in 7 Stücke à 40 cm Länge. Dann tackerst du die Bandenden so auf der Brettrückseite fest, dass die Bänder vorne diagonal liegen und die Häkelkanten nach unten zeigen. Das untere Band verläuft quer, siehe Modellbild. Die Verkreuzungen der Bänder ebenfalls festtackern und die Perlen oder Knöpfe aufkleben und damit die Klammern verdecken. Den Aufhänger nagelst du an der Rückseite fest.

Besteck- oder Stiftebecher

Material

- Holz- oder Terrakottabecher, ca. 12 bis 20 cm hoch
- Socken mit hohem Beinteil, Kniestrümpfe oder Stulpen
- PVC-Untersetzer o. Ä.
- Alleskleber
- Metallknöpfe

Zieh die Socke mit dem Bündchen nach oben über den Becher und schneide sie unten so ab, dass der ‚Schlauch' 3 cm übersteht. Dann nimmst du den Schlauch ab, nähst die Knöpfe auf und ziehst ihn wieder über den Becher. Die obere Schlauchkante klebst du bündig an den Becherrand, das untere Schlauchende ziehst du um die untere Becherkante und klebst es am Boden fest.

Aus dem PVC-Untersetzer schneidest du passend zum Becherboden einen Kreis bzw. ein Rechteck und klebst das Teil auf den Boden.

Bodenkissen

Material

- Herren-Jeansjacke
- Herrenhemd
- Kissen in der Größe der Jacke oder etwas größer

Die Ärmel der Jeansjacke schneidest du 3 cm vor den Schulternähten ab und steppst die Öffnungen links auf links auf der Naht zusammen. In die Nahtzugaben kannst du Fransen schneiden. Vom Hemd schneidest du rund um den Kragen ein ca. 25 x 25 cm großes Stück ab, klappst den Kragen nach oben und nähst Vorder- und Rückseite am Kragenansatz zusammen.

Die Knöpfe an der Jacke knöpfst du zu, schiebst den Hemdkragen in den Jackenausschnitt und nähst vom obersten Jackenknopf bis zu den Schulternähten den Einsatz an die Jackenvorderteile. Dann klappst du Hemd- und Jackenkragen nach oben und nähst – wieder am Hemdkragenansatz entlang – den Einsatz auf den hinteren Jackenkragen. Das untere Bündchen nähst du von Seitennaht zu Seitennaht zu und schiebst das Kissen durch die Knopfleiste in den Bezug.

Brillenutensilo

Material

- 1 Shirt mit Streifen
- 1 Shirt mit Bilderdruck
- 1 Drahtkleiderbügel aus der Reinigung
- dickes, aufbügelbares Volumenvlies, 60 x 90 cm
- Textilkleber

Das Streifenshirt legst du flach auf den Tisch und schneidest aus beiden Lagen ein ca. 40 x 60 cm großes Rechteck aus. Die obere Kante ist die Oberkante des Shirts – von der du nichts abschneidest. Die Ärmel und eventuell die Kanten an den Seiten und am Saum schneidest du ab. Auf die linke Seite des Rückenteils bügelst du ein passendes Stück Vlies auf, dabei lässt du die Fläche frei, die hinterher am Ausschnitt zu sehen ist.

Das restliche Vlies bügelst du auf die linke Seite des Rückenteils vom Shirt mit Bilderdruck. Dann schneidest du hieraus ebenfalls ein zweilagiges Rechteck aus Vorder- und Rückenteil aus. Diesmal ist das aber nur 36 x 51 cm groß und hat rundum gerade geschnittene Kanten. Beide Lagen des Rechtecks schneidest du gleichzeitig in 9 Rechtecke, jedes davon ist 12 x 17 cm groß.

Den Haken des Bügels umwickelst du mit Streifen aus den abgeschnittenen Resten, die Streifenenden klebst du fest. Die großen Rechtecke aus dem Streifen-Shirt nähst du an den Seiten und unten rechts auf rechts aufeinander, wendest das Ganze durch den Ausschnitt und schiebst den Bügel hinein. Dicht neben den Bügelstreben – parallel zur Schulternaht – nähst du Vorder- und Rückenteil aufeinander und damit den Bügel fest. Die kleinen Rechtecke nähst du jeweils rundum ca. 3 bis 5 mm breit links auf links zusammen. Dann verteilst du sie gleichmäßig auf dem Streifenteil, steckst sie fest und nähst sie mit durchgehenden Nähten an den Seiten- und Unterkanten an.

Vasenhussen

- Herrenhemd
- Glasflasche oder -vase
- Sprühstärke
- Bügeleisen

Material

Zuerst misst du die Höhe der Glasflasche aus und schneidest den Ärmel 3 cm länger ab. Die abgeschnittene Kante bügelst du 2-mal 1 cm breit nach links um und steppst den Saum fest. Dann trennst du den Knopf ab und stülpst den Ärmel so über die Flasche, dass die Unterkante auf dem Tisch steht. Zieh' die Manschette stramm um den Flaschenhals und drücke mit einem Bleistift durch das vordere Ende des Knopflochs einen Punkt auf den unteren Teil der Manschette. Auf diesen Punkt nähst du den Knopf. Jetzt musst du die Husse nur noch über die Flasche stülpen und dick mit Sprühstärke einsprühen. Nach dem Trocknen kannst du das wiederholen, falls der Stoff noch nicht steif genug ist.

Kuscheldecke

Material

- verschiedene Fleece-Teile: z. B. Shirt, Bademantel, Jacke oder Decke
- 2 bis 3 Fleecedecken für den Rand und die Rückseite
- Filzblumen und -herzen in passenden Farben, ca. 2 bis 10 cm groß
- feste Pappe, 35 x 21 cm

Aus der Pappe schneidest du 3 quadratische Schablonen in den Größen 6 x 6 cm, 11 x 11 cm und 21 x 21 cm aus. In der Zeichnung kannst du sehen, wie die Quadrate zusammengesetzt werden. Die Stücke legst du dabei jeweils rechts auf rechts aufeinander und nähst sie mit 0,5 cm Nahtbreite zusammen. 4 kleine Quadrate sind zusammen genauso groß wie ein mittleres, 4 mittlere wie ein großes.

Entweder schneidest du dir einfach einige Quadrate aus, nähst sie zusammen und siehst dann, was du als Nächstes für Quadrate brauchst oder du machst dir einen Plan, indem du z. B. auf Karopapier deine Wunschdecke aufmalst und danach direkt alle Quadrate zuschneidest.

Wenn du alle Quadrate zu großen Quadraten von 21 x 21 cm Größe zusammengesetzt hast, nähst du sie zu Streifen und dann die Streifen zu einem Rechteck zusammen. Eine Fläche aus 5 x 6 Quadraten wird 100 x 120 cm groß, eine aus 6 x 7 Quadraten 120 x 140 cm. Falls du einen Rand um deine Decke nähen möchtest, schneidest du aus einer Decke 4 Streifen, die jeweils 25 cm breit sind. 2 Streifen müssen etwas länger sein als die Schmalseite deiner Quadratfläche, 2 Streifen 55 cm länger als die Längsseite. Zuerst nähst du die kürzeren Streifen rechts auf rechts an die Schmalseiten. Was von den Streifen übersteht schneidest du gerade ab, sodass du wieder ein Rechteck hast. Dann nähst du die langen Streifen an die beiden anderen Seiten und schneidest wieder alles zu einem Rechteck.

Für die Rückseite der Decke brauchst du ein Rechteck in der gleichen Größe – entweder aus einer Fleecedecke geschnitten oder aus mehreren Teilen zusammengesetzt. Vorder- und Rückseite legst du rechts auf rechts aufeinander und nähst sie rundum zusammen, lässt dabei aber an einer Stelle eine 30 cm große Wendeöffnung frei. Dann drehst du die Decke um, steppst die Kante. Dabei nähst du auch die Wendeöffnung zu.

Die Filzteile nähst du verstreut auf die Quadrate und fixierst so Vorder- und Rückseite aufeinander.

Hier sind einige Beispiele für zusammengesetzte Quadrate.

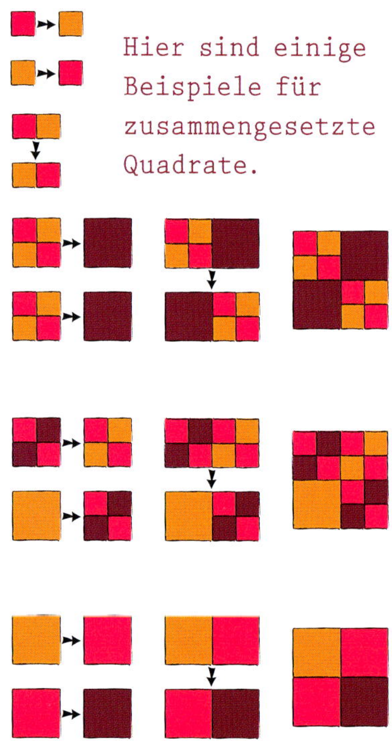

Buchhülle

Material

- Jeansrock
- 30 cm Webband, ca. 2,5 cm breit
- Schlüsselring, Ø 2 cm
- 2 Schmuckanhänger mit kleinen Karabinern
- Nähgarn in der Farbe der Rocknähte

Um die Hülle passend für dein Buch zu nähen, wird das Buch ausgemessen. Rechne die Breite des vorderen und hinteren Buchdeckels und des Buchrückens zusammen. Bei einem Taschenbuch sind die Maße in etwa so: 2 x 11,5 cm + 2,5 cm = 25,5 cm Breite; Buchhöhe = 18 cm.

Den Bund des Rocks schneidest du ab und den Rock in Verlängerung des Reißverschlusses auseinander.

Die hintere Mittelnaht des Rocks soll später in der Mitte des Buchrückens liegen. Schneide ein Rechteck zu, das oben und unten je 1,5 cm höher als die Buchhöhe sowie rechts und links je 7 cm breiter als die berechnete Breite ist. Die hintere Mittelnaht verläuft dabei durch die Mitte des Rechtecks. Das Rechteck franst du rundum etwa 1 cm weit aus. Dann machst du eine „Anprobe" und legst das Buch in das Rechteck. Den überstehenden Stoff legst du um die Buchdeckel und steckst die Umschläge fest. Nimm das Buch wieder heraus und näh' die obere und untere Kante dicht neben den Fransen ab, dabei nähst du die Umschläge fest.

Falls das Webband aus Polyester ist, kannst du die Bandenden mit einem Feuerzeug verschmelzen. Das Band nähst du von innen an die Oberkante der Hülle, etwa 2 cm neben der Mitte an die Rückseite. Dabei zeigt das Band nach außen. Auf das freie Bandende fädelst du den Schlüsselring, schlägst das Ende 2-mal nach links um und nähst es fest. Zum Schluss hängst du noch die Anhänger in den Ring ein.

Bildergalerie

Material

- gemusterte Bluse
- 2 unifarbene T-Shirts, passend zur Bluse
- 4 Keilrahmen, 20 x 20 cm
- Deko-Tacker
- Textilkleber

Aus den Shirts schneidest du 4 Quadrate á 28 x 28 cm zu. Dann legst du die Keilrahmen mit der Vorderseite nach unten mittig auf die linke Seite der Quadrate. Die Ecken der Quadrate schneidest du diagonal bis kurz vor den Keilrahmen ein.

Um den Stoff stramm über die Keilrahmen zu spannen, ziehst du die jeweils gegenüberliegenden Seiten gleichzeitig um den Rahmen und tackerst sie fest.

Aus der Bluse schneidest du Teile des Musters aus und fixierst sie mit Textilkleber auf den Vorderseiten der Rahmen.

Tuchhalter

Material

- 2 Drahtkleiderbügel aus der Reinigung
- 1 Bluse mit aufgesetzten Brusttaschen
- Bortenreste in passenden Farben
- dickes, aufbügelbares Volumenvlies, 40 x 40 cm
- Nähgarn
- Seitenschneider
- Rest Folie (z. B. Windradfolie)
- Textilkleber

Die Vorlage für den Überzieher findest du auf Seite 45.

Schneide die Bluse 5 cm unterhalb der Brusttaschen quer ab. Dann drehst du die Bluse auf links und bügelst das Volumenvlies auf das Rückenteil. Danach nähst du die Ärmel zu und wendest die Bluse. Aus dem abgeschnittenen Stück wird mithilfe der Vorlage 2-mal der Überzieher ausgeschnitten und die Teile an der oberen Kante (= gestrichelte Linie) rechts auf rechts zusammengenäht. Schneide die Nahtzugaben an den Rundungen ein und wende den Überzieher. Schneide aus dem restlichen Stoff einen 80 x 5 cm langen Streifen zu. Dann legst du diesen Streifen rechts auf rechts längs zur Hälfte und nähst die Längskanten aufeinander. Wende den Schlauch. Von einem Bügel knipst du mit dem Seitenschneider den Haken ab und ziehst den Schlauch über den restlichen Draht.

Den Blusenausschnitt hinterlegst du mit dem restlichen Stoff, sodass das Vlies auf dem Rückenteil verdeckt wird. Zieh den Überzieher auf einen Bügel und schieb ihn in den Ausschnitt. Die untere Öffnung des Überziehers schließt du mit einer Zickzacknaht, dabei nähst du auch schon das Stoffstück fest, das unter Überzieher und Ausschnitt liegt. Dann nähst du die vorhandenen Nähte des Ausschnitts nach und nähst damit das Stoffstück rundum fest und schließt den Überzieher an den Seiten.
Die untere Blusenkante bügelst du rundum 1 cm breit nach links um, schiebst den Bügel mit dem Schlauch zwischen Vorder- und Rückenteil und nähst die Kanten aufeinander.
Dann schneidest du Fenster in die aufgesetzten Taschen und hinterlegst die Öffnungen mit der Folie. Die Folie wird festgeklebt und aus der Borte ein Rahmen aufgeklebt. Auf die Unterkante des Überziehers und den Saum klebst du ebenfalls Borte.

Häkelkörbchen

Material

- Häkeldeckchen aus Baumwolle in Weiß
- Waschmaschinenfarbe in Petrol
- verschiedene Bänder in Türkis, 0,5 bis 1 cm breit, etwas länger als der Umfang des Deckchens
- Frischhaltefolie
- Schüsseln oder Gläser in Deckchen-Größe
- Festiger für Textilien
- Borstenpinsel
- Alleskleber

Die Deckchen färbst du nach Anleitung in der Waschmaschine. Nach dem Trocknen umwickelst du die Schüsseln und Gläser mit Folie und stellst sie auf den Kopf. Dann legst du die Deckchen darüber und bringst mit dem Pinsel eine satte Schicht Festiger auf. Nach ca. 24 Stunden sind die Deckchen durchgetrocknet, beachte aber die Angaben des Herstellers. Wenn alles trocken ist, kannst du die Deckchen abnehmen und von innen noch mal Festiger auftragen. Danach musst du alles wieder gut trocknen lassen. Anschließend ziehst du die Bänder am äußeren Rand rundum durch die größeren Löcher der Schälchen. Die Bandenden klebst du jeweils am Schälchen fest.

Sitzsack

- Stoffsack, mit Polystyrolperlen gefüllt, Umfang ca. 100 cm, Höhe ca. 40 cm
- Jerseykleid, ärmellos
- verschiedene Bänder, je ca. 105 cm lang, farblich passend zum Kleid
- Textilkleber

Material

Vorder- und Rückenteil des Kleides legst du genau aufeinander, der Umfang soll dem Umfang des Sacks minus 4 bis 6 cm entsprechen. Eventuell nähst du das Kleid an einer Seite noch etwas ab. Schneide das Oberteil des Kleides unterhalb der Armausschnitte ab. Dann steppst du neben dem Saum von Seitennaht zu Seitennaht Vorder- und Rückenteil aufeinander. Jetzt legst du an beiden Ecken die Saumnaht und die Seitennaht rechts auf rechts aufeinander, sodass am Rand Dreiecke entstehen. Diese Dreiecke steppst du 10 cm von der Spitze entfernt quer zu den Nähten ab. Wende den Schlauch.

Rund um den Schlauch klebst du verschiedene Bänder mit Textilkleber auf. Die Abstände der Bänder zueinander sollten unterschiedlich sein, der Abstand des letzten Bandes zur oberen bzw. unteren Naht soll ca. 18 cm groß sein. Bandenden und –anfänge lässt du an einer Naht leicht überlappen und steppst dann die Bänder auf. Zieh den Schlauch über den Hocker. An der Öffnung schlägst du den Stoff 2 cm breit nach innen um. Dann ziehst du die Enden der Seitennähte über den Sack, sodass sie sich in der Mitte treffen, und nähst sie mit einigen Stichen aneinander. Jetzt ziehst du noch die Öffnungen am Vorder- und Rückenteil über den Sack und nähst sie ebenfalls aneinander. An den Seiten kannst du jeweils noch ein Stück mit der Nähmaschine nähen, in der Mitte fixierst du die Stoffe mit ein paar Handstichen.

Bücherkissen

Material

- 1 Nylonstrumpfhose
- 2 einfache Mützen
- 10 l Polystyrolperlen oder Ähnliches
- 90 cm gestreiftes Gummiband, 2 cm breit
- dünnes Häkelgarn in passender Farbe
- dicke Sticknadel mit Spitze

Von der Strumpfhose schneidest du ein Bein ab. Das Fußteil schneidest du ebenfalls ab und knotest den Schlauch an der oberen, breiteren Öffnung zu. Dann füllst du ihn mit den Polystyrolperlen bis dein Kissen ca. 40 cm lang und ca. 15 cm hoch ist. Das 2. Ende wird jetzt auch zugebunden.

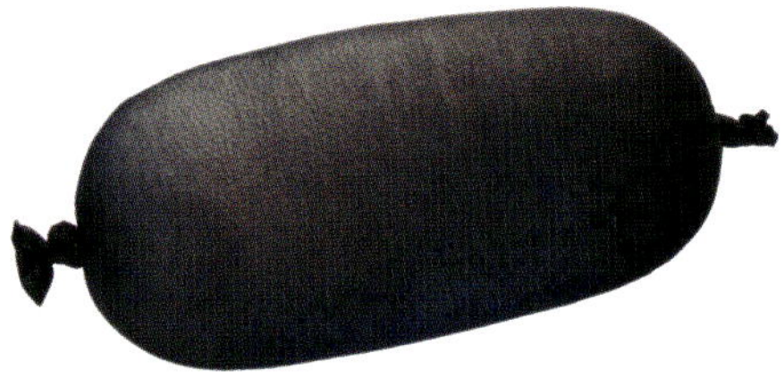

Die Mützen ziehst du von beiden Seiten über das Kissen und nähst sie in der Mitte mit dem Häkelgarn zusammen. Dann teilst du das Gummiband in 2 Hälften, nähst die Stücke jeweils zu einem Ring zusammen und stülpst sie über das Kissen.

Blumentopfbeutel

Material

- verschiedene T-Shirts
- dickes, aufbügelbares Volumenvlies, Maße siehe Anleitung

Die gezeigten Beispiele sind aus Rechtecken in folgenden Größen genäht:

- 40 x 70 cm
- 32 x 34 cm
- 22 x 40 cm
- 20 x 30 cm
- 14 x 40 cm

Für Beutel nach eigenen Maße rechnest du zur gewünschten Höhe ca. 15 cm dazu, die Breite entspricht dem Umfang.

Für einen Beutel schneidest du 2 Rechtecke in der angegebenen bzw. errechneten Größe aus den Shirts. 2 Volumenvlies-Rechtecke schneidest du in der gleichen Größe zu und bügelst sie auf die linken Stoffseiten.

Dann legst du die Rechtecke rechts auf rechts übereinander und nähst sie an einer Längskante (die dem Umfang entspricht) zusammen. Nachdem du den Stoff quer aufeinandergelegt hast, sodass Anfang und Ende der Naht aufeinanderliegen, nähst du den Schlauch an allen offenen Kanten bis auf eine Wendeöffnung von ca. 10 cm zusammen.

Jetzt wird der Schlauch gewendet und die Öffnung von Hand geschlossen. Du stülpst beide Hälften ineinander und steppst die obere Kante (= Verbindungsnaht der beiden Stoffe) ab. Diese Kante kannst du nach außen klappen, der Innenstoff ist dadurch am Umschlag sichtbar. Zum Schluss stellst du deinen Beutel hin, drückst den Boden auseinander, sodass die Seiten auf der Bodennaht liegen und nähst die entstandenen Dreiecke ab, siehe auch Modellbild.

Häkelblumen

- Farbige Häkeldeckchen in verschiedenen Größen
- Zackenlitze in Grün, 2 cm breit
- Sprühstärke
- Backpapier
- Textilkleber

Material

Die Häkeldeckchen legst du auf das Backpapier und sprühst sie von beiden Seiten gründlich mit Sprühstärke ein. Lass die Blumen einige Stunden trocknen. Dann klebst du jeweils 2 oder 3 Deckchen mit etwas Textilkleber aufeinander, dabei fixierst du zwischen den Deckchen ein 15 bis 30 cm langes Zackenband als Blumenstiel. Zum Schluss nähst du die Deckchen aufeinander.

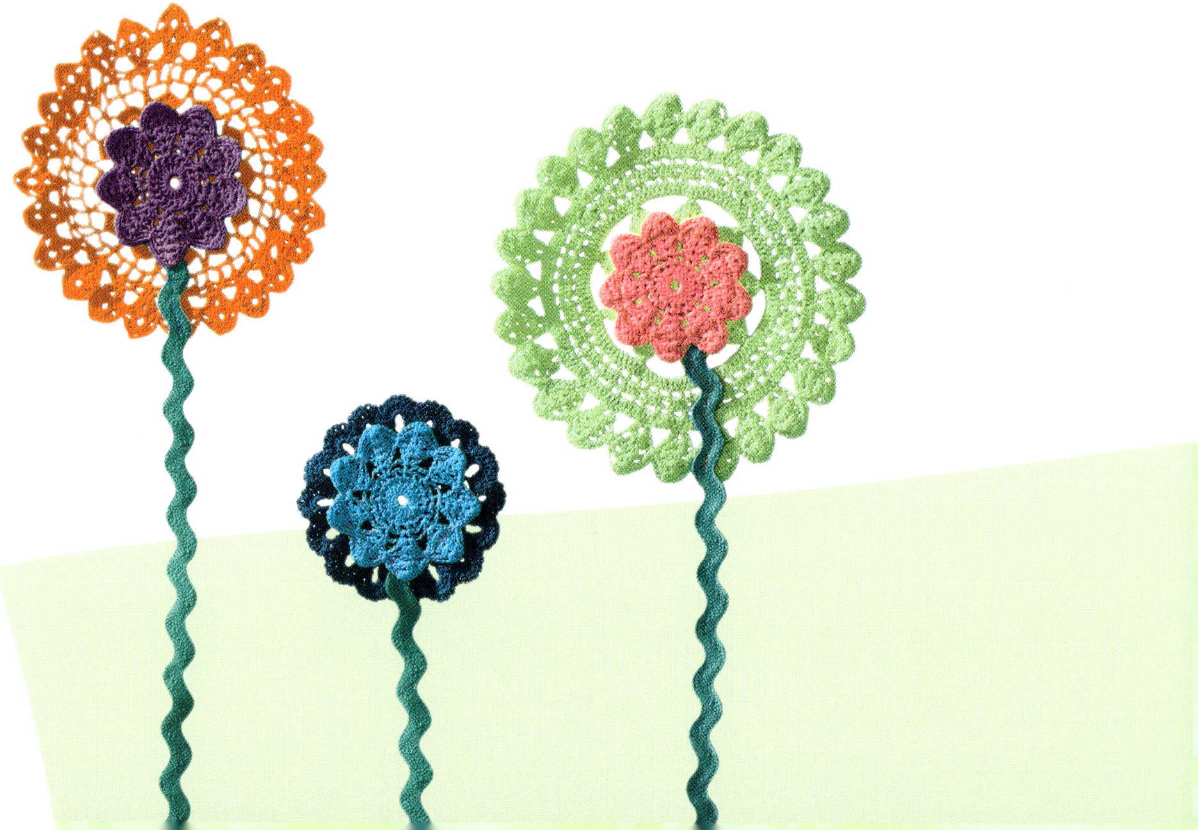

GELIEBTES ZUHAUSE!

Bodensitzkissen im Zottellook

- ca. 7 T-Shirts in verwandten Farben (1 davon in Größe XXL)
- 1 Matratzenkissen, 40 x 40 cm groß, 3 bis 4 cm hoch
- Anti-Rutsch-Netz für Teppiche, 40 x 40 cm groß, Gitterkästchen etwas größer als 1 cm

Material

Beim größten Shirt legst du Vorder- und Rückseite genau aufeinander. Vom Saum aus schneidest du gleichzeitig aus beiden Lagen 45 x 45 cm große Quadrate. An einem Quadrat nähst du das Gitter mit breitem Zickzackstich mittig auf die rechte Seite. Dann nähst du die Quadrate an 3 Seiten rechts auf rechts zusammen und wendest den Bezug.

Aus den anderen Shirts schneidest du 15 bis 20 cm lange und 3 bis 4 cm breite Streifen zu.

Die Streifen werden – wie in der Zeichnung gezeigt – diagonal zum Gitter durch die Verkreuzungen gezogen und mit einfachen Knoten befestigt.

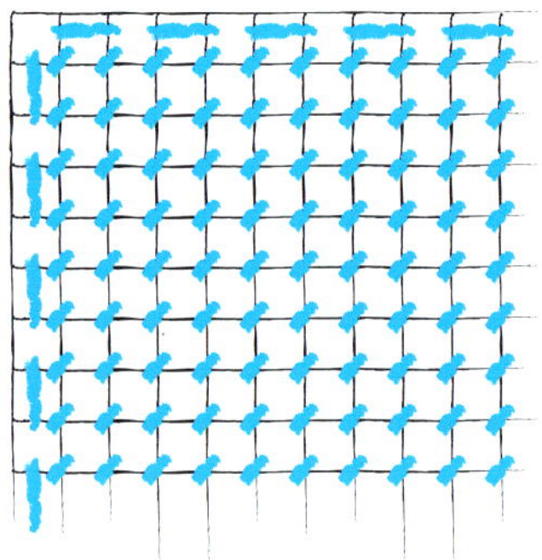

Am Ende knotest du rundum je einen Streifen quer über 2 Gitterfäden. Dann schiebst du das Kissen in den Bezug und schließt die Öffnung von Hand.

Papierkorb

Material

- Lederimitat- oder Stretchlack-Minirock
- einfacher Papierkorb
- Lackstoff oder Wachstuch, 40 x 15 cm
- Kraftkleber
- Malerkrepp

Die Vorlagen für die Buchstaben findest du auf Seite 45.

Zuerst misst du die Höhe des Papierkorbs (am Korb entlang, falls der nach oben weiter wird). Den Saum des Rocks schneidest du dann so ab, dass der Rock 3 cm länger ist als der Papierkorb hoch. Dreh den Rock auf links und stülp ihn mit dem Bund nach oben über den Eimer. Steck die Seitennähte und die vordere und hintere Mitte so ab, dass der Rock eng um den Papierkorb liegt.

Die Sohle vom Nähmaschinenfuß umklebst du mit Malerkrepp, damit das Leder/Wachstuch beim Nähen besser transportiert wird. Dann ziehst Du den Rock vom Korb ab, zeichnest die Stecklinien mit Kreide nach und steppst auf den Linien entlang.

Die untere Kante schlägst du 1 cm und dann noch mal 2 cm nach links um und steppst sie ebenfalls ab. Die Buchstaben für die Applikation zeichnest du auf die Rückseite des Lackstoffes/Wachstuchs (seitenverkehrt, so wie sie schon gezeichnet sind), schneidest sie aus und klebst sie mit wenig Kleber auf den „Rock". Nach dem Trocknen kannst du die Buchstaben rundherum festnähen. Jetzt brauchst du nur noch den Rock über den Eimer zu ziehen und an der oberen Kante festzukleben.

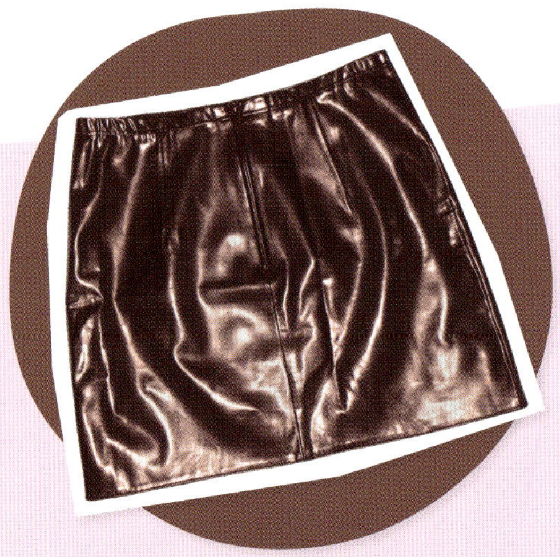

PAPIER

Gewebte Schale

Material

- gemustertes Sommerkleid (Stoff A)
- Bluse mit farblich passendem Muster (Stoff B)
- 80 cm aufbügelbare Vlieseinlage, 90 cm breit
- Kochlöffel
- Bügeleisen

Zuerst schneidest du aus Stoff A ein Rechteck à 40 x 60 cm (oder, falls das nicht passt, 2 Rechtecke à 30 x 40 cm) und ein Rechteck à 25 x 40 zu. Aus Stoff B schneidest du 1 Rechteck à 30 x 75 cm (oder, falls das nicht passt, 2 Rechtecke à 30 x 40 cm) zu. Aus der Einlage schneidest du passende Rechtecke und bügelst sie auf die linken Seiten deiner Stoffzuschnitte.

Dann schneidest du aus dem großen Rechteck aus Stoff A (bzw. den beiden 30 x 40 cm großen) 8 Streifen à 7 x 40 cm und aus dem kleinen Rechteck 4 Randstreifen à 6 x 40 cm.

Aus Stoff B schneidest du 10 Streifen à 7 x 30 cm.

Bis auf die Randstreifen faltest du alle Streifen rechts auf rechts, sodass die Längskanten aufeinanderliegen und nähst die Längskanten und eine Schmalseite 0,5 cm breit ab. Anschließend wendest du die Streifen, indem du jeweils die zugenähte Schmalseite mit dem Stiel des Kochlöffels in den Streifen schiebst und dann den ganzen Streifen auf den Stiel ziehst. Anschließend schneidest du die Naht an der Schmalseite ab und bügelst die Streifen glatt. Die Nahtzugaben liegen dabei an einer Kante.

Nähe nun die Streifen nach der Anleitung auf Seite 44 zusammen.

Zum Schluss faltest du jeweils an den Ecken dein Körbchen so, dass die Außenkanten aufeinanderliegen. Die Ecken werden im rechten Winkel zur Außenkante abgenäht, sodass jeweils ein Streifen als Körbchenrand nach oben steht, siehe Modellbild.

GREENLEAF
SEPHORA

Abb. 1

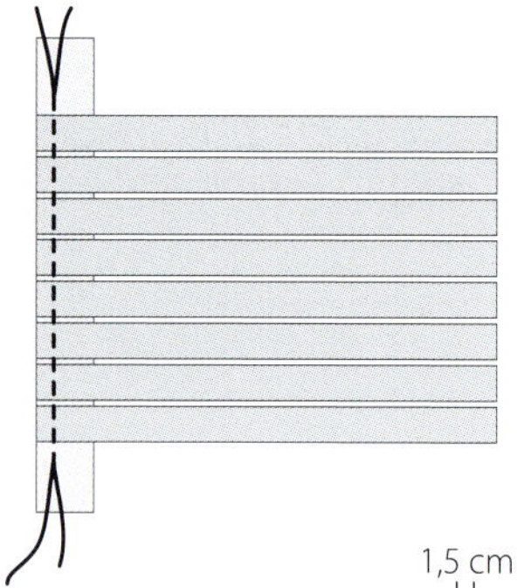

Abb. 2

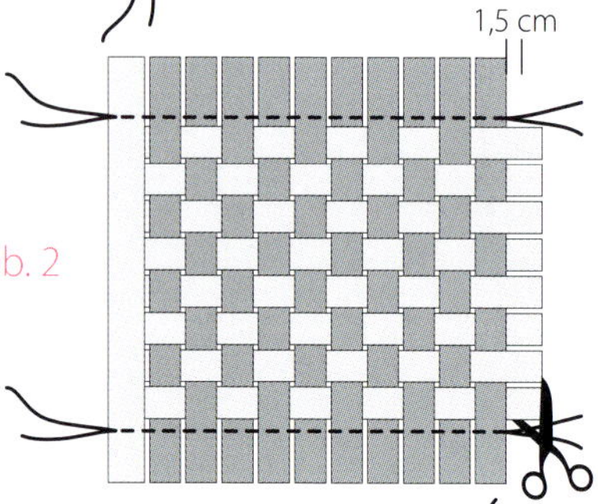

Abb. 3

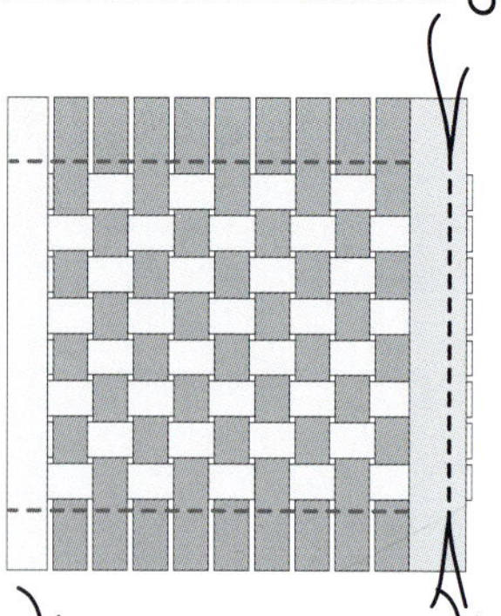

Abb. 4

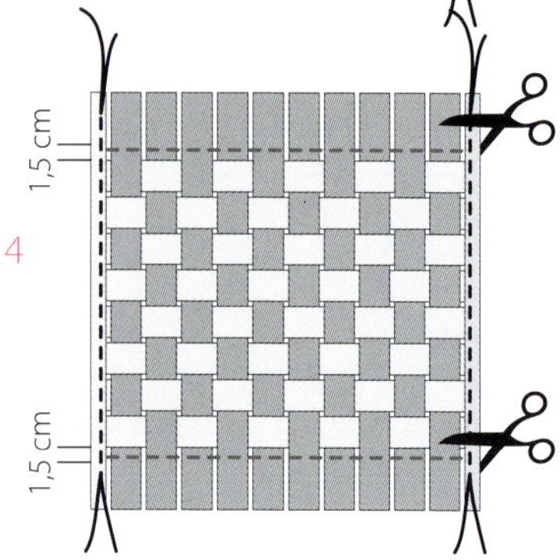

Abb. 5

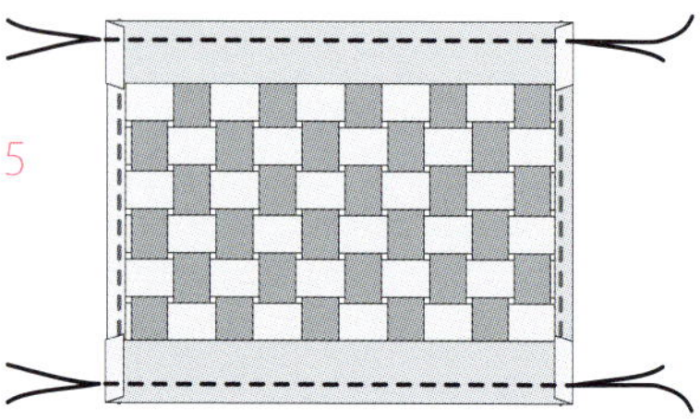

Abb. 1: Einen Randstreifen legst du mit der Vorderseite nach oben hin. Alle genähten Streifen aus Stoff A legst du rechts auf rechts nebeneinander auf diesen Streifen. An der Seite, an der die Schmalseiten der Streifen an der Schnittkante des Randstreifens liegen, steppst du die Stofflagen 1,5 cm breit aufeinander. Den Randstreifen bügelst du nach außen und drehst das Ganze um.

Abb. 2: Jetzt werden die Streifen aus Stoff B quer durch die angenähten Streifen gewebt. Wenn alle Streifen verwebt sind, nähst du die Längsseiten des Webstücks ab und fixierst so die Streifen. Am anderen Ende schneidest du die Streifen aus Stoff A 1,5 cm hinter dem letzten eingewebten Streifen ab.

Abb. 3: An diese Schnittkante nähst du wieder einen Randstreifen rechts auf rechts mit 1,5 cm Nahtbreite an.

Abb. 4: Die noch offenen Längsseiten der Randstreifen bügelst du 1,5 cm breit nach links um. Dann bügelst du die Randstreifen an der Naht nach außen und um die Kante. Jetzt kannst du die Streifen dicht neben der Naht absteppen und fasst dabei die umgebügelten Kanten auf der Rückseite mit.
Die offenen Kanten der Streifen aus Stoff B schneidest du ebenfalls 1,5 cm neben dem letzten eingewebten Streifen ab.

Abb. 5: An diese Kanten nähst du auch wieder Randstreifen an, so wie eben beschrieben, nur schlägst du jetzt die Schmalseiten zusätzlich 1 cm breit nach links um und steppst diese Umschläge ebenfalls ab. So erhälst du überall saubere Kanten.

Vorlagen

Vorlage für den Überzieher des Tuchhalters von Seite 27

Vorlagen für die Buchstaben des Papierkorbs von Seite 41

Impressum

Modellentwurf und Realisation:
Sybille Rogaczewski-Nogai
Redaktion: Angelika Klein
Lektorat und technische Zeichnungen:
Beate Schmitz
Fotos: Uli Glasemann
Styling: Elke Reith
Gesamtgestaltung: GrafikwerkFreiburg
Reproduktion: Meyle + Müller GmbH & Co. KG, Pforzheim
Druck und Verarbeitung:
DEAPRINTING, Novara (Italien)

ISBN 978-3-8410-6259-8
Art.-Nr. OZ6259

Herstellerverzeichnis

- buttinette, Textil-Versandhaus GmbH, Wertingen www.buttinette.de
- efco hobbygross Erler GmbH, Rohrbach www.efco.de
- Freudenberg Vliesstoffe SE + Co. KG, Weinheim www.vlieseline.de
- Knopffabrik Dill GmbH & Co. KG, Bärnau www.dill-buttons.com
- C. Kreul GmbH & Co. KG, Hallerndorf www.c-kreul.de
- Rayher Hobby GmbH, Laupheim www.rayher-hobby.de
- UHU Gmbh & Co. KG, Bühl/Baden www.uhu.com

Wir danken den oben genannten Firmen für die Bereitstellung der Materialien.

Kreativ-Service

Du hast Fragen zu den Büchern und Materialien? Frau Erika Noll ist für Dich da und berät Dich rund um alle Kreativthemen. Ruf einfach an! Wir interessieren uns auch für Deine eigenen Ideen und Anregungen. Du erreichst Frau Noll per E-Mail: **mail@kreativ-service.info** oder Tel.: **+49 (0) 5052/91 18 58** Montag bis Donnerstag: 9–17 Uhr / Freitag: 9–13 Uhr

Besuche uns im Internet: **www.christophorus-verlag.de**